Schön rötlich die Kartoffeln sind,
und weiß wie Alabaster;
sie däu´n (verdauen) sich lieblich
und geschwind
und sind für Mann und Weib
und Kind
ein rechtes Magenpflaster.

Matthias Claudius, 1740-1815

Kleines Kartoffel-Buch

von
Sylk Schneider

BuchVerlag
für die Frau

Für Gisela Ritter

ISBN 3-89798-190-4

Fotos: siehe Bildquellen, S. 123
Einband, Repro, Satz und Typographie:
Lore Jacobi, Jesewitz
Druck: Klingenberg Buchkunst Leipzig
Bindearbeiten: Müller Buchbinderei GmbH
Leipzig

Printed in Germany

www.buchverlag-fuer-die-frau.de

Inhalt

Die tolle Knolle

Lange Zeit war die Kartoffel als Arme-Leute-Essen und später als Dickmacher verpönt. Doch dieses Vorurteil hält den Tatsachen nicht stand: 100 g Kartoffeln enthalten 84 Kalorien, ein Drittel weniger als Reis oder Nudeln. Je nach Sorte besteht eine Kartoffel aus ca. 75 % Wasser, 17 % Stärke, 0,5 % Zucker, 2,8 % Dextrinen, Pentosanen und Pektinen, 2 % Eiweiß und Eiweißbausteinen, 0,3 % Fett, 0,7 % Rohfaser, 1,1 % Mineralstoffen (Kalium, Eisen, Magnesium) und Spurenelementen. Außerdem sind die Vitamine C, B_1, B_2, B_6, H, K und A enthalten. Mit dieser Zusammensetzung erfüllt die Kartoffel den Gourmetwunsch schlechthin – sie bietet gesunden Genuss.

Die Kartoffel in der Welt

Das Jahr 2008 wurde von den Vereinten Nationen bereits jetzt zum Internationalen Jahr der Kartoffel erklärt, denn die Kartoffel ist gegenwärtig eine der sieben Säulen der Welternährung.
Heute werden auf der ganzen Welt Kartoffeln angebaut. Wie in Europa um 1800 herum konnte China seit 1960 den Hunger auch dank der

Kartoffel besiegen. China ist nun vor Russland, Indien und den USA mit Abstand der größte Kartoffelerzeuger der Welt. Noch vor nicht allzu langer Zeit waren die Deutschen die Kartoffelweltmeister und aßen mit 200 bis 300 kg pro Kopf und Jahr mit Abstand die meisten Kartoffeln. Heute sind es nur noch 65 kg pro Kopf und Jahr. Vielleicht ändert sich das wieder nach dem Lesen unserer kleinen Liebeserklärung an die Kartoffel …

ARL, die KARTOFFEL
reist um die Welt
KARL
DIE KARTOFFEL
Malta
Peru
Japan
Portugal
Ungarn
Zypern
Wales
USA

TOP TEN der Kartoffelerzeuger

1 China 75 Mio. Tonnen
2 Russische Föderation 37 Mio. Tonnen
3 Indien 25 Mio. Tonnen
4 USA 20,42 Mio. Tonnen
5 Ukraine 19,45 Mio. Tonnen
6 Polen 15 Mio. Tonnen
7 Deutschland 12,99 Mio. Tonnen
8 Weißrussland 8,5 Mio. Tonnen
9 Niederlande 7,44 Mio. Tonnen
10 Frankreich 6,9 Mio. Tonnen

(Jahreserträge / FAO Statistik von 2004)

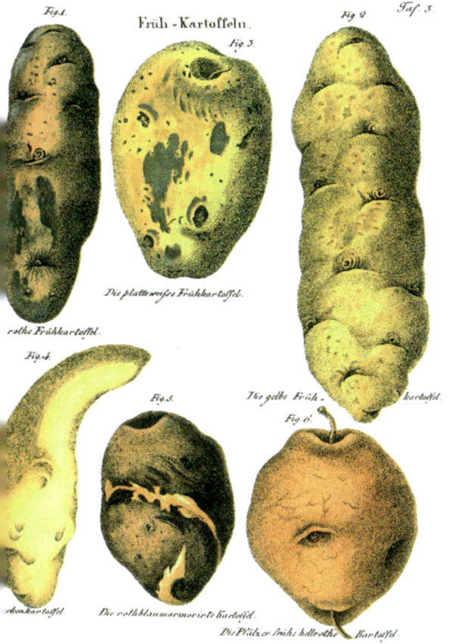
Taf. 3.
Früh - Kartoffeln.
Fig. 1.
Fig. 3.
Fig. 2.
Die plattweiße Frühkartoffel.
rothe Frühkartoffel.
Fig. 4.
Fig. 5.
Die gelbe Früh- kartoffel.
Fig. 6.
rkenkartoffel.
Die rothblaumarmorirte Kartoffel.
Die Pfälzer frühe hellrothe Kartoffel.

Die Kartoffelkochtypen

Unbedingt notwendig ist, dass man beim Kartoffelkauf auf die Kochtypen achtet. Kartoffeln werden nach den Kocheigenschaften in 3 Typen unterteilt. Jeder Kochtyp ist für bestimmte Gerichte geeignet.
Fest kochende Sorten haben einen geringen, vorwiegend fest kochende einen mittleren und mehlig kochende einen hohen Stärkegehalt.

Fest kochende Sorten:
Prinzess, Cilena, Sieglinde, Bernadette

Geeignet für:
feste Salz-, Pell-, Schmor- und Bratkartoffeln, Kartoffelsalat, Gratin, Puffer und Rösti

Vorwiegend fest kochende Sorten:
Leyla, Marabel, Agria, Solara
Geeignet für:
Salz-, Pell-, Brat- und Grillkartoffeln, Eintöpfe, Aufläufe, Suppen, Puffer und Rösti

Mehlig kochende Sorten:
Adretta, Novara, Karlena, Aula
Geeignet für:
mehlige Pell- und Salzkartoffeln, Püree, Klöße, Eintöpfe, Suppen

Lagern von Kartoffeln

Kartoffeln sollten idealerweise kühl bei 4 bis 8°C, trocken, dunkel und luftig lagern. Zum Lagern sollte man nur ungewaschene Kartoffeln nehmen, denn die Schmutzschicht ist bei Kartoffeln eine Schutzschicht. Außerdem sollte man darauf achten nur einwandfreie Ware ohne Beschädigungen oder Fäulnis zu verwenden.
Zum Lagern eignen sich nur gut ausgereifte Kartoffeln mit einer dicken Schale, die sogenannten Spät- oder auch Herbst- und Winterkartoffeln. Während Speisefrühkartoffeln in 70-90 Tagen Vegetationszeit reifen,

Spætkartoffeln.

Taf. 5

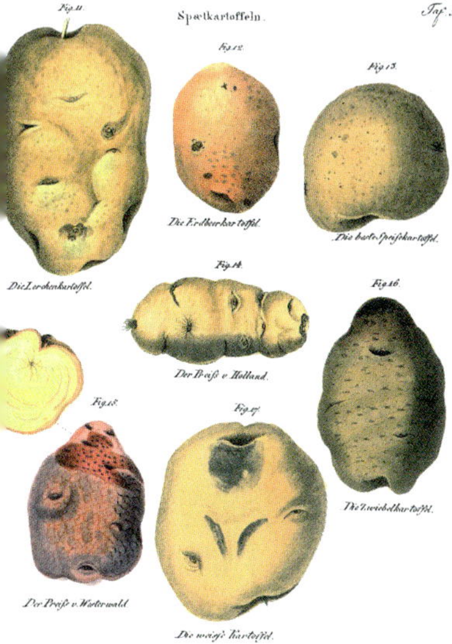

brauchen die Spätkartoffeln 120-150 Tage. Sie sind nach der Ernte schalenfest und bestens zur Lagerung geeignet.
Viele der späten Sorten entwickeln erst im Winterlager ihren vollen Geschmack und ihre beste Konsistenz. Vor allem die mehlig kochenden Sorten zählen zur Reifegruppe der mittelspäten bis späten Sorten.
Frühkartoffeln haben eine dünne Schale und sind eine Delikatesse, die wie Salat innerhalb einer Woche am besten gedämpft mit Schale gegessen werden sollte. Frühkartoffeln lassen sich nicht lange lagern.

Kartoffeln und Wein vollendet genießen

Die Weinprobe

Ist eines der schönsten Vergnügen, die Weine bieten können. Natürlich gibt es dafür einige Regeln, aber sie sind einfach zu befolgen:
Die herben Weine kommen immer vor den lieblichen oder süßen. Die leichten vor den schweren. Und zum Abschluss gibt es wieder einen frischen leichten Wein, bei dem man bleiben kann.
Wer verschiedene Weinarten probieren möchte, beginnt mit den weißen, geht dann über zu den

Roséweinen und reicht zum Schluss die roten. Etwas Weißbrot zwischen den Weinen neutralisiert.

Die eigentliche Probe:

Kurze Konzentration – Sehen – Riechen – Schmecken – und noch einen Augenblick zum Festhalten der Eindrücke. So kann man alles genießen, was ein Wein zu bieten hat.

Besondere Eindrücke während der Weinprobe sollte man aufschreiben, solche Anhaltspunkte können später nützlich sein.

Für den optimalen Genuss:

Das Glas am Stiel halten, so vermeidet man, dass sich der Wein

erwärmt und dass Fingerabdrücke zurückbleiben.
Zunächst die Farbe des Weines ansehen. Fast alle Deutschen Weine sind hellgelb bis goldfarben, oft mit einer leichten Ahnung von Grün, wobei Moselweine die blassesten sind, während süßere Deutsche Weine zu einem reinen Goldton neigen. Übrigens, je älter ein Wein ist, um so goldener schimmert er, bis hin zum dunklen Bernstein. Alle Weine sollten jedoch kristallklar sein.
Jetzt den Wein ganz sacht im Glas schwenken. So bekommt er mehr Sauerstoff und kann sein volles Bukett entfalten.

Als nächstes den Wein riechen. Ist er blumig, fruchtig oder eher neutral? Das Aroma sollte sowohl rein als auch komplex sein. Der Wein sollte im Geruch an Früchte, z. B. Äpfel, Beeren oder Pfirsiche erinnern, an Frühlingsblumen oder frische, grüne Felder – jedes Aroma ist einzigartig.

Zuletzt ganz bedächtig den ersten Schluck schlürfen – lassen Sie ihn über die Zunge rollen, »kauen« Sie ihn ein wenig, so dass Sie das ganze Aroma voll erschmecken können. Der Geschmack eines guten, ausgewogenen Weines sollte all das halten, was sein Bukett verspricht.

Ein guter Wein hat einen klaren,

angenehmen Geschmack; er zeigt keine Spur eines unangenehmen Aromas oder einer nicht zu erklärenden Bitterkeit oder Stumpfheit. Deshalb sollte der Nachgeschmack des Weins eine angenehme, nachklingende Erfahrung sein.

Die Kartoffelprobe

Ist eines der schönsten Kartoffel-Vergnügen. Natürlich gibt es einige Regeln dafür, aber es sind nur wenige und einfach zu befolgen:
Die fest kochenden Kartoffeln immer vor den vorwiegend fest kochenden und den mehlig kochen-

den Kartoffeln probieren, da man so den feineren Geschmack besser erschließt.

Kartoffeln immer dämpfen – niemals kochen. Nur so kann sich das Aroma voll entfalten.

Etwas Wasser zwischen den Proben neutralisiert.

Die eigentliche Probe:

Kurze Konzentration – Sehen – Riechen – Schmecken – und noch einen Augenblick zum Festhalten der Eindrücke, damit man alles genießen kann, was eine Kartoffel bietet. Besondere Eindrücke während der Kartoffelprobe sollte man unbedingt notieren, sie können später nützlich sein.

Für den optimalen Genuss:

Die gedämpften Kartoffeln zunächst mundwarm abkühlen lassen.

Frühkartoffeln isst man immer mit Schale.

Zunächst die Schale der Kartoffel genau anschauen. Fast alle in Deutschland zugelassenen Kartoffelsorten haben eine gelbe Schale, einige auch eine rote Schale oder gelb mit roten Augen. Es gibt jedoch auch blauschalige Kartoffelsorten. Ist die Kartoffelschale genetzt oder glatt, liegen die Augen tief oder flach? Keine Kartoffel sollte braune Stellen haben.

Jetzt die Kartoffel halbieren, damit Dampf und Hitze entweichen.

Wie duftet die Kartoffel? Riecht sie angenehm erdig, fruchtig oder eher neutral? Das Aroma ist meist angenehm warm, erinnert an Küche, Herd, Mutter Erde oder frischen Regen; oft ist es betont weiblich. Kartoffeln aus Tondämpfern haben eine noch vollere Note.
Als nächstes die Kartoffel auf der Zunge zergehen lassen. Bei mehlig kochenden Kartoffeln entfaltet sich hier schon der volle Geschmack. Sie streicheln den Gaumen und füllen ihn mit ihrem ausdrucksstarken Aroma. Dann bedächtig und langsam kauen, um den vollen Geschmack auszukosten. Bei fest kochenden Kartoffeln entfaltet sich

der meist feine Geschmack erst beim Kauen.

Der Geschmack einer guten Kartoffel sollte das halten, was ihr Bukett verspricht. Kartoffeln sollten erdig, aromatisch, mild, angenehm, fein, ausgeprägt, kräftig, gut, exquisit, marzipanartig schmecken.

Am besten ist es, wenn man Kartoffel und Wein verbindet, wie in der vom Ernährungswissenschaftlichen Institut der Universität Jena entwickelten Kartoffel-Wein-Diät. Vielleicht eine gute Empfehlung für eine Urlaubswoche zu Hause ...

Die Kartoffel-Wein-Diät

(für 1 Woche)

»Ich habe eine Diät gemacht und fettem Essen und Alkohol abgeschworen. In zwei Wochen verlor ich vierzehn Tage.«

Joe E. Lewis

Die Kombination von Thüringer Kartoffelspezialitäten mit Thüringer Wein bietet die Möglichkeit, sich gesund, genussvoll und ausgewogen zu ernähren. Unsere Rezeptauswahl zeigt die kulinarische Vielfalt im Weimarer Land, das auch die Toskana des Ostens genannt wird. Alle Rezepte gelten für 1 Person.

Montagmittag (465 kcal)
Kartoffelgratin

1 TL Öl, 1 Zwiebel,
250 g vorwiegend fest kochende Kartoffeln,
100 ml Fleischbrühe,
1 TL Butter,
40 g Schmelzkäse (20 % Fett i.Tr.)

Flache Auflaufform mit Öl einfetten, Zwiebelwürfel hineinstreuen, 2 cm dicke Kartoffelscheiben dachziegelartig einschichten. Mit Brühe übergießen, zugedeckt bei 200 °C etwa 40 Minuten im Backofen garen. Deckel abnehmen, Kartoffeln mit Butter- und Käseflöckchen besetzen,

5 Minuten weiterbacken. Als Beilage einen frischen Salat.

Dazu einen 2005er Bacchus Kabinett trocken, angenehm aromatisch, leicht (Thüringer Weingut Zahn).

Montagabend (484 kcal)

Kartoffelsalat mit Leberkäse

200 g Salatkartoffeln (fest kochend),
1/2 Gurke, 1/2 Dose Gemüsemais,
100 g Leberkäse,
2 EL Essig, 1 EL Orangensaft,
1 Pck. Salatkräuter,
Salz, Pfeffer, 2 TL Öl

Dienstagmittag (533 kcal)

Thüringer Klöße mit Gulasch und Salat der Saison

2 Thüringer Klöße
aus Kloßteig bereiten,
100 g Rind- / Schweinefleisch
(fettarm, Keule),
1 Zwiebel, 1 Tomate,
1 Paprikaschote, Butter, Salz,
Pfeffer, Paprika (scharf),
1 Prise Zucker

Fleisch und Zwiebel würfeln, Paprika in Streifen schneiden. Fleisch in Butter anbraten, Zwiebelwürfel goldgelb werden lassen, Paprikastreifen zugeben, mit kräftiger Prise

Zucker bestreuen, umrühren. Mit Salz, Pfeffer, Paprika würzen. Zugedeckt schmoren lassen. Die gehäutete, geviertelte Tomate kurz vor Ende der Garzeit zugeben. Mit den Klößen servieren.

Wir empfehlen dazu 2005er Weißburgunder Spätlese trocken, eleganter filigraner Körper, zarter Schmelz (Thüringer Weingut Zahn).

Dienstagabend (ca. 520 kcal)

Pellkartoffeln mit verschiedenen Dressings

Kräuterdressing (300 kcal):
125 g Magerquark, 3 EL Milch, fein gehackte Kräuter (Schnittlauch, Basilikum, Petersilie, Estragon), fein gehackte Zwiebel, Gewürzgurke, hart gekochtes Ei, 1 TL saure Sahne gut verrühren und mit Zucker, Pfeffer, Salz abschmecken.

Paprika-Dressing (350 kcal):
125 g Magerquark, 3 EL Milch, fein gehackte Zwiebel, gewürfelte Tomate, 1 EL saure Sahne, 3 EL Tomatenketchup, etwas Schaschliksauce,

Zucker, Knoblauch, reichlich Paprika edelsüß verrühren, mit Salz und Pfeffer abschmecken.

Tsatsiki (330 kcal):

125 g Magerquark, 1/2 fein geraspelte grüne Gurke, 1/2 Knoblauchzehe in Knoblauchpresse zerkleinert, 1 TL Olivenöl verrühren, mit Salz, Pfeffer und einer Prise Zucker abschmecken.

Wir empfehlen dazu einen 2005er Gutedel QbA trocken, zartes Aroma, milde Säure (Thüringer Weingut Zahn).

Mittwochmittag (399 kcal)

Kartoffel-Gemüse-Auflauf

1 Stange Porree,
1 mittelgroße Zucchini,
1 große Möhre,
1 große Fleischtomate,
120 g vorwiegend fest kochende Kartoffeln,
Salz, Pfeffer,
125 g entrahmter Joghurt (0,3 %),
1 Ei, 40 g Käse (Gouda, 30 % Fett i.Tr.)

Porreeringe, Zucchini- und Möhrenscheiben in wenig Salzwasser 5 Minuten garen. Tomate enthäuten, entkernen, in Würfel, Kartoffeln in

Scheiben schneiden. Das Gemüse abwechselnd fächerförmig in eine flache Auflaufform geben, würzen. Joghurt mit Ei und Käse verquirlen, über das Gemüse geben. Im Ofen ca. 20 Minuten backen, bis sich eine goldgelbe Kruste bildet.

Dazu empfehlen wir einen 2005er Müller-Thurgau Qw halbtrocken, leichte Süße zum Gemüse (Thüringer Weingut Bad Sulza).

Mittwochabend (525 kcal)

Kartoffel-Fisch-Salat

150 g Salatkartoffeln (fest kochend), 1 Ei, 1/2 kleine Zwiebel, 1 Gewürzgurke, 1/2 Apfel, 1 Bismarckhering, 50 g eingelegte rote Bete, Salz, Pfeffer, Senf, 1/2 EL Weinessig, 1 TL Öl, Dill

Kartoffeln mit Schale ca. 20 Minuten garen, abschrecken, schälen, abkühlen lassen. Ei hart kochen, Eigelb durch ein Sieb streichen, mit Salz, Senf, Pfeffer, Essig, etwas Saft der roten Bete und Öl zu Sauce ver-

rühren. Eiweiß, Zwiebel, Apfel, Gewürzgurke würfeln. Bismarckhering längs halbieren, in 1 cm breite Streifen schneiden. Abgetropfte rote Bete in Streifen schneiden. Kartoffeln würfeln, mit Zutaten und Sauce mischen. 2 Stunden bei Raumtemperatur ziehen lassen. Mit Dill bestreuen.

Hierzu empfehlen wir einen 2005er Gutedel Qw trocken, leicht, süffig, ein leichter Wein zum Fisch (Thüringer Weingut Bad Sulza).

Donnerstagmittag (566 kcal)

Mit Hackfleisch gefüllte Kartoffeln und Obstnachtisch

3 mittelgroße vorwiegend fest kochende Kartoffeln,
1/4 l Fleischbrühe (Instant),
100 g Rinderhack,
50 g Schweinehack,
1/2 Zwiebel,
Pfeffer, Salz, Muskatnuss

Kartoffeln schälen, aushöhlen, in eine feuerfeste Form setzen, Fleischbrühe in die Form gießen. Kartoffeln bei 220 °C in den vorgeheizten Backofen schieben. 15 Minuten garen lassen. Kartoffelinneres und

Zwiebeln fein hacken, mit Hackfleisch zu einem geschmeidigen Teig verarbeiten, mit Salz, Pfeffer und Muskat kräftig abschmecken. Fleischteig in die Kartoffeln füllen, weitere 30 Minuten backen.

Dazu empfehlen wir einen 2005er Müller-Thurgau QbA, leichter Sommerwein, feinwürziges Aroma (Thüringer Weingut Zahn).

Wussten Sie schon, dass es weltweit ca. 8000 Rebensorten gibt. In Deutschland sind davon ca. 50 zugelassen.

Donnerstagabend (410 kcal)

Kartoffelsalat mit Radieschen

300 g Salatkartoffeln (fest kochend),
1/2 Zwiebel,
1/2 Bund Radieschen,
2 EL Essig, Zucker,
Salz, Pfeffer,
1 EL Öl, 75 ml klare Brühe,
2 EL Schnittlauch,
1/2 gekochtes Ei

Kartoffeln waschen, mit der Schale ca. 20 Minuten kochen, pellen, in Scheiben schneiden. Zwiebel und Radieschen würfeln; Salatsauce aus Essig, Zucker, Salz, Pfeffer, Öl mischen. Klare Brühe erhitzen, über Kartoffeln gießen. Radieschen und Zwiebel unter Salatsauce rühren, über die Kartoffeln geben, vermischen. Mit Ei garnieren.

Dazu 2005er Kerner Spätlese halbtrocken, fruchtiger, extraktreicher Körper mit angenehmer Restsüße (Thüringer Weingut Zahn).

Übrigens wirkt die Diät ebenso gut, wenn man statt Thüringer lieber sächsischen, französischen oder italienischen Wein zum Essen trinkt.

Freitagmittag (579 kcal)

Forelle blau, Petersilienkartoffeln und Dillsauce

1 frische oder tiefgekühlte Forelle (250 g), Salz, 1/4 Tasse heißer Essig, 1 Schuss Weißwein, Kresse, Zitrone, Tomate, 200 g Salzkartoffeln (vorw. festkochend), Petersilie
<u>für 1/8 l Dillsauce:</u>
5 g Butter, 10 g Mehl, 1/8 l heiße Fleischbrühe (Instant), 1 Eigelb, 1 EL Milch

Ausgenommene, abgespülte Forelle innen leicht salzen. Im Deckel der Fischpfanne mit heißem Essig begie-

ßen. Wasser mit Weißwein und Salz aufkochen, Fisch hineinlegen. Kurz vor Aufkochen auf kleinste Flamme stellen, 15 Minuten gar ziehen lassen. Mit dem Schaumlöffel aus dem Sud nehmen, abtropfen lassen und auf vorgewärmter Platte anrichten. Mit Kresse, Zitronen- und Tomatenscheiben garnieren. Kartoffeln mit gehackter Petersilie bestreuen.

Für die Sauce Dill fein hacken, Hälfte in heißer Butter andünsten, Mehl einstreuen, gut durchschwitzen lassen. Fleischbrühe zugießen, 7 Minuten kochen, mit Salz abschmecken. Eigelb mit Milch verrühren. Sauce vom Herd nehmen, Ei-Milch hineinrühren, nicht mehr kochen,

restlichen Dill einstreuen. Heiß zu Kartoffeln und Forelle servieren,

Dazu ein 2005er Bacchus QbA trocken, saftig, mit einem fruchtig, kräftigen Bukett (Weingut Zahn).

Freitagabend (446 kcal)

Kartoffel-Quark-Auflauf

200 g Pellkartoffeln (fest kochend)
150 g Magerquark, 1 Ei, Salz,
Pfeffer, Paprikapulver,
1 mittelgroße Zwiebel,
1 TL Pflanzenöl,
1 EL gehackte Petersilie,
3 TL geriebener Käse

Pellkartoffeln in Scheiben schneiden. Auflaufform damit auslegen. Das Ei trennen. Quark mit Eigelb und Gewürzen verrühren. Zwiebel schälen, hacken, in heißem Öl goldgelb dünsten, mit Petersilie an den Quark geben, steif geschlagenes Eiweiß unterheben. Quarkmasse über die Kartoffeln streichen. Mit Käse bestreuen, bei 220 °C ca. 30 Minuten backen

Dazu ein 2005er Weißburgunder Qw trocken, reife Frucht, weich im Geschmack, die milde Säure verträgt sich gut mit dem Quark (Thüringer Weingut Bad Sulza).

Samstagmittag (620 kcal)

Kartoffelsuppe mit Wiener Würstchen oder Bockwurst

250 g Kartoffeln (mehlig kochend),
30 g Sellerieknolle,
30 g Möhre,
30 g Porree,
30 g mildgeräucherter Schinken,
1 TL Butter, 1/2 l Fleischbrühe,
Pfeffer, Lorbeerblatt, Muskat, Salz
2 Paar Wiener Würstchen

Geschälte Kartoffeln und geputztes Gemüse würfeln. Schinkenwürfel in Butter vorsichtig anbraten, Kartoffel- und Gemüsewürfel hinzufügen, Pfeffer und Lorbeerblatt zugeben;

40 Minuten alles sehr weich kochen. Lorbeerblatt entnehmen. Suppe pürieren, bis die gewünschte Dicke der Suppe erreicht ist. Mit Pfeffer, Salz, Muskat abschmecken. Die erwärmten Würstchen in Stücke schneiden, auf vorgewärmte Teller geben, mit Suppe übergießen. Eventuell mit grob geraspeltem Käse bestreuen.

Dazu einen 2005er Grauburgunder Qw trocken, duftig, feingliedrig (Thüringer Weingut Bad Sulza).

Samstagabend (305 kcal)

Pellkartoffeln zu Hüttenkäse

230 g Pellkartoffeln
(vorw. fest kochend),
Salz, Kümmel,
50 g Hüttenkäse, Schnittlauch

Saubere Kartoffeln mit Salz und etwas Kümmel in einem Topf mit fest schließendem Deckel kochen, 20-30 Minuten garen. Schnittlauchröllchen mit Hüttenkäse vermischen. Pellkartoffeln zu Hüttenkäse und einem frischen Salat servieren.

Dazu einen 2005er Traminer Qw trocken (Weingut Bad Sulza).

Sonntagmittag (452 kcal)

Thüringer Klöße mit Roulade

2 Klöße aus Kloßteig,
1 Roulade,
1 TL Senf, 1/2 Zwiebel,
Salz, Pfeffer,
Champignons oder Gewürzgurke,
1 TL Tomatenmark,
150 ml Wasser

Klöße gar ziehen lassen. Geklopfte Fleischscheibe mit Senf bestreichen, mit Zwiebel- und Gewürzgurkenwürfeln belegen, salzen, pfeffern, zusammenrollen (mit Rouladennadel oder Faden befestigen). In heißem Öl anbraten, Tomatenmark zugeben, nach und nach heißes Wasser aufgießen, Roulade gar schmoren. Soße mit Pfeffer und Salz abschmecken.

Hierzu empfehlen wir einen 2005er Regent Rotwein Qw trocken „Herzog von Auerstedt« dunkle Farbe, kräftig, der Wein zur Roulade (Thüringer Weingut Bad Sulza).

Sonntagabend (504 kcal)

Folienkartoffeln mit Schinken-Käse-Füllung

1 große Kartoffel, ca. 200 g, (vorw. fest kochend), 50 g Frischkäse mit französischen Kräutern, 30 g Gorgonzola, 50 g magerer gekochter Schinken, 1 Eigelb, Kümmel, Salz, Pfeffer

Kartoffel mit Schale ca. 25 Minuten kochen. Frischkäse und Gorgonzola verrühren, mit fein gewürfeltem Schinken, Eigelb, Kümmel vermischen, mit Pfeffer und Salz kräftig abschmecken. Die etwas abgekühlte Kartoffel mit Schale längs halbieren, Hälften mit einem Teelöffel aushöhlen. Ausgehöhltes mit der Gabel zerdrücken, locker unter die Schinken-Käse-Masse mischen, Kartoffelhälften füllen, auf einen mit Alufolie belegten Grillrost geben, im vorgeheizten Ofen bei 220 °C auf der Mittelschiene ca. 15 Minuten überbacken.

Dazu einen 2005er Kerner Spätlese halbtrocken, fruchtiger, extraktreicher Körper mit angenehmer Restsüße (Thüringer Weingut Zahn).

Kartoffelgeschichte und Geschichten

Die Kartoffel ist ein tropisches Gemüse aus Südamerika. Die ursprüngliche Heimat der Kartoffel ist das Hochland der Anden im heutigen Peru. Dort wurden Kartoffeln schon 2000 Jahre vor Christi angebaut. Nach Europa kam die Kartoffel erst mit den spanischen Eroberern.

Der peruanische Autor Felipe Guaman Poma de Ayala beschrieb in seinem Werk »El primer nueva corónica y buen gobierno« als erster die Zustände kurz nach der Eroberung Perus durch Francisco Pizarro 1532. Er prangert einerseits die

»Batata na Rede« (Kartoffel in der Hängematte), gemalt von der brasilianischen Künstlerin Vane de Oliveira

Grausamkeit der Spanier an, andererseits beschreibt er auch das tagtägliche Leben der Indianer, unter anderem den Kartoffelanbau.
Im Dezember wurden die Kartoffeln gelegt, im Juni erfolgte die Ernte der Kartoffel. Die Kartoffel hatte in Peru also eine sehr lange Vegetationsphase – 120 bis 180 Tage, während heutige Kartoffelsorten in Europa in 70 bis maximal 120 Tagen reifen.

Das Legen der Kartoffeln im Dezember. Aus Guaman Poma de Ayalas »Bilderchronik« um 1615

TRAVAXO
PAPAOCA·TARPVIPACHA
dezienbre - capac ynti raymi quilla
labrador de papas
dezienbre - capac ynti raymi
dezienbre

Ein königliches Geschenk

Auf der Hinfahrt nach Südamerika starben viele der Seefahrer an Skorbut, auf der Rückfahrt blieben sie gesund – vermutlich wegen der gesunden, an Vitamin-C reichen Kartoffel. Und so nennt auch der erste schriftliche Nachweis die Kartoffel als königliches Genesungsgeschenk. Es war ein Brief König Philipp II. von Spanien an den kranken Papst Pius IV. In Italien wurde diese neue Knolle mit der Trüffel verglichen und wurde deshalb tartuffli genannt.

Der deutsche Name der Kartoffel stammt von diesem italienischen

Wort – Tartufeli – für Trüffel ab: Tatuffli – Tartuffel – Artuffel – Cartuffel – Kartoffel. Kartoffel bedeutet also Trüffel.

Das älteste deutsche Kartoffelrezept stammt auch aus Italien. Marcus Rumpoldt, der Mundkoch des Mainzer Kurfürsten, hat die Erdäpfel und ihre Zubereitung in Italien kennen gelernt. Veröffentlicht wurde dieses Rezept (siehe S. 71) in »Ein New Kochbuch« von 1587 im Kapitel »Von allerley Zugemüß«. Es ist somit über 400 Jahre alt.

Blume und Aphrodisiakum

Bis Mitte des 18. Jahrhunderts war die Kartoffel eher eine botanische Rarität. Sie wurde in den botanischen Gärten der Königs- und Fürstenhäuser angepflanzt – meist der schönen Blüten wegen. Man verglich die Kartoffelblume gar mit der Orchidee.

Doch immer dann, wenn Neues erscheint, gibt es auch Zweifler, so auch beim Klerus. Die Kartoffel wurde vielfach bekämpft, denn sie steht nicht in der Bibel. Sie gehört zu den Nachtschattengewächsen, der Pflanzenfamilie, aus der auch das Hexenkraut stammt, sie wächst

unter der Erde. Außerdem hieß es, dass die Kartoffel sexuell höllisch erregend sei und damit könne sie ja nur des Teufels sein.

Auch Shakespeare im Falstaff schreibt der Kartoffel aphrodisierende Wirkung zu.

Caspar Bauhin schrieb 1619:

»Unsere Leute rösten sie in der Asche wie Trüffel und essen sie geschält mit Pfeffer. ... und essen sie, sich zu erregen. In Wein gekocht, sind sie besonders hylfreich für alle die, die die Blüte ihrer Jahre überschritten haben.«

Zwinger schreibt in dem 1696 in Basel erschienenen Kräuterbuch folgendes zur Kartoffel:

»... also sollen sie die ehelichen Werke befördern, den Samen mehren und den Schwindsüchtigen nützlich ...«

»Erdepfel«
Schel und schneidt sie klein, quell sie in Wasser und
Druck es wol auß durch ein Härin (grobes) Tuch,
hack sie klein und rößt sie in Speck, der klein
geschnitten ist, nimm ein wenig Milch darunter und
laß darmit sieden, so wirt es gut und wolgeschmack.

Marcus Rumpoldt

Casanova und die Kartoffel

Giacomo Casanova de Seinkalt, wurde am 2. April 1725 in Venedig geboren. Er starb 1798 in Dux/ Böhmen. Er lebte also in einer Zeit, in der sich die Kartoffel als Grundnahrungsmittel durchsetzte. In Dux war er seit 1785 als Bibliothekar tätig. Hier schrieb er auch seine Memoiren, die zahlreiche Liebesgeschichten und Affären mit etwa 120 Frauen beinhalten. Die Memoiren zeigen, dass Casanova ein sinnlicher Mensch war, der Frauen ebenso wie gutes Essen zu schätzen wusste, am liebsten beides gleichzeitig oder unmittelbar nacheinander.

So heißt es in seinen Memoiren: »Die sinnlichen Genüsse zu kultivieren, bildete die Hauptbeschäftigung meines ganzen Lebens; niemals hat es für mich etwas Wichtigeres gegeben.« Die Franzosen wissen das noch heute und so schenkt man sich zum Valentinstag als besonderen Liebesbeweis die rotschalige Kartoffelsorte Cherie.

Kartoffeln und Gnocchi, die italienischen Verwandten der Klöße, gehörten nachweislich zu Casanovas Genüssen.

Eines der in seinen Memoiren erwähnten Rezepte ist:

Spinatgnocchi in Gorgonzolasauce

1,5 kg mehlig kochende Kartoffeln, 350 g Mehl, 50 g frisch geriebener Parmesan, 6 Eigelb, 60 g gekochter Spinat, fein gehackt und ausgedrückt, Salz, Pfeffer, 300 g Gorgonzola ohne Ränder klein gewürfelt, 1/2 l flüssige Sahne, 5 cl Sherry Medium, 1 Zwiebel, 40 g Butter

Für den Teig 1 kg Kartoffeln schälen, kochen und zu einem dünnflüssigen Kartoffelbrei verarbeiten. Diesen heiß über die ausgepresste rohe Kartoffelmasse geben. Den Kloßteig in eine große Schüssel geben, 225 g Mehl, den Parmesan, 1 TL Salz, etwas Pfeffer und den Spinat zufügen. Schnell vermischen, eine Mulde in die Mitte drücken, Eigelb hineingeben und alles zu einem weichen Teig verarbeiten. Jeweils ein etwa handgroßes Teigstück abnehmen, im übrigen Mehl wenden und kurz durchkneten. Zu einer langen, fingerdicken Rolle formen und diese in 2 cm große Stücke schneiden.

Die Gnocchi auf ein Backblech setzen und von allen Seiten gleichmäßig mit Mehl bestäuben. Für die Sauce Zwiebelwürfel in der Butter

glasig dünsten, mit Sherry ablöschen und einkochen, Sahne zufügen und unter ständigem Rühren mit dem Schneebesen den Gorgonzola darin auflösen, einkochen, mit Salz und Pfeffer abschmecken.
Inzwischen einen großen Topf mit Salzwasser zum Kochen bringen, die Gnocchi hineingeben. Im siedenden Wasser etwa 3 Minuten garen, bis sie an die Oberfläche steigen.
Die Gnocchi mit einem Sieblöffel aus dem Wasser heben, abtropfen lassen. Mit der Gorgonzolasauce servieren.

Erster Kartoffelanbau im Vogtland und in Thüringen

Durch die von der Kirche noch angeheizten Vorurteile dauerte es über 200 Jahre, bis sich die Kartoffel als Grundnahrungsmittel in ganz Deutschland durchsetzte. Am bekanntesten ist der 1756 erlassene Kartoffelbefehl von Friedrich II. von Preußen. Noch schneller war Herzog Ernst August zu Sachsen-Weimar mit seinem Kartoffelbefehl von 1739. Und im Vogtland bauten arme Bauern bereits 1648 in Selb und im Thüringer Wald die Kartoffeln an. Infolge einer Klimaveränderung wuchs das Getreide nicht mehr

Num. 33.

Wöchentliche Weimarische Anzeigen

Sonnabend, den 13den August, 1757.

Nachricht von dem Gebrauch der Tartuffeln.

Man kann die Tartuffeln 1) gekocht, mit Salz und Butter, essen; 2) sie in einer BratRöhre, wie Castanien, braten; 3) sie, als ein Zugemüß, mit und ohne Fleisch, mit allen nur möglichen Brühen, essen; 4) selbige abgekocht, mit Eßig, Oel, oder auch Butter und Speck, als Sallat, essen, wenn sie wie Sellerie geschnitten werden; 5) selbige als einen Brey geniessen, wenn man sie vorhero abgekocht, auf einem ReibeEisen gerieben, in Brunnen gekocht, mit geröstleten Zwiebeln, Salz und Pfeffer bestreuet und mit heisser Butter begossen hat; 6) sie als ein gutes Gefülltes essen, wenn sie vorhero abgekocht, gerieben und mit Milch, Eyern, SemmelGrumme, gedünsteten Aepfeln oder Birnen, in eine mit Butter bestrichene BratPfanne gethan und in der Röhre gebacken werden. Wer will, kann Zucker, Safran, Zimmet und andere Gewürze dazu thun; 7) sie als einen guten Zemmet essen, wenn sie gekocht und gerieben in eine BratPfanne, nebst Eyern und Butter, gethan und gebraten werden; 8) sie, als eine gute Suppe, geniessen, wenn die gekochten und geriebenen Tartuffeln nochmals in Brunnen gekocht und über würflicht geröstete Semmeln gegossen, mit Mußcaten und Ingber bestreuet werden; doch muß solche nicht lange stehen, sonst die Semmeln wieder weich werden; 9) kann man sie gekocht und gerieben unter die Erbsen thun; 10) selbige, wenn man unter 6 Metzen Korn eine Metze Erdnüsse gekocht und gerieben thut, als das schönste Brod essen; nur müssen solche kalt und nicht warm gerieben und erst des Morgens im Teig eingeknätet werden; 11) aus selbigen gute Kuchen backen, wenn zwey Theile gekochte und geriebene Erdnüsse und ein Theil Mehl mit Milch und Salz, mit und ohne Hefen, angemacht, und, mit und ohne Schmalz, im BackOfen gebacken werden; 12) aus selbigen gute Klöse machen, wenn zwey Theile gekochte und geriebene Tartuffeln unter einen Theil Mehl und Semmeln gethan, mit ein paar Eyern, Milch, Butter und Salz vermenget, gekocht oder gebacken werden; 13) haben sie einen sehr feinen Geschmack, wenn sie, gekocht und geschnitten, unter gekochte Kaldaunen, Zappen oder Sülsen gethan und mit einer sauren ZwiebelBrühe wieder aufgekocht werden; 15) desgleichen, wenn sie gekocht und geschnitten, mit klein geschnittenen Heringen, Salz, Pfeffer, Eßig und Baumöl vermenget werden.

Wie die Tartuffeln vor das Vieh zu gebrauchen, folget künftig.

und die Bauern suchten verzweifelt nach einem Ersatz. Sie fanden die Kartoffel.

Aus Kartoffeln werden Klöße

Folglich stammt auch das älteste bisher bekannte Rezept für Original Thüringer Klöße aus dem Effelder Kreis im Thüringer Wald. Es wurde 1808 von dem dortigen Pfarrer niedergeschrieben.
Zwei Dokumente aus dem Herzogtum Sachsen-Weimar beweisen, dass die Thüringer Klöße vermutlich als Surrogat (Ersatz) für Mehlklöße entstanden sind. Man wollte

»besonders bey damahliger und auch künftig noch öfters zu befürchtender Theuerung derer Früchte ein annehmliches Surrogatum haben«. Doch die Sagen um die Entstehung der Thüringer Klöße zeigen, dass der wahre Erfinder der Thüringer Klöße bis heute unbekannt ist.
Laut einer dieser Sagen hat Frau Holle das Rezept für die Klöße verraten:

»Was Besseres weiss ich zu geben.
Da nehmt und pflanzt das statt der Reben.«
Und aus der Schürze zog Frau Holle
Die mehlige Kartoffelknolle.

»Ihr armen Leute dauert mich.
Noch habt ihr leider nicht entdeckt,
Was hinter der Kartoffel steckt,
Und was die kund'ge Hand für
Werke kann schaffen aus Kartoffel-
stärke.«

Am Herde fand er stehn Frau Holle.
Und der geschwärzten Casserolle,
entstieg soeben riesengross
Ein dampfender Kartoffelkloss.

»Du aber, Haupt des Magistrates,
Du leuchtend Licht des weisen
Rathes,
Du Sohn uralten Stadtgeblühtes,
Hier hast du das Receptum. –
Hüt'es!«

Viel Wasser Werra-abwärts wallte,
Seitdem Frau Holle Klösse ballte,
Die heut in Stadt und Land zumeist
Der Mund des Volkes »Hütes«
heisst.

aus Rudolf Baumbachs „Lied vom Hütes«.

Kartoffelferien

Kaum noch einer ist sich des Ursprungs der Herbstferien bewusst. In früherer Zeit bekamen die Kinder Ende Oktober ein bis zwei Wochen schulfrei, um bei der Ernte helfen zu können. Denn obwohl es die Bauern während des Jahres ohne weiteres schafften, ihre Kartoffelfelder allein zu bewirtschaften, war es lange Zeit nicht möglich, die arbeitsintensive Kartoffelernte, das Aufsammeln der Kartoffeln zu automatisieren. Erst moderne Kartoffelvollerntemaschinen konnten das. Aber bis in die 60er Jahre war das vor allem Handarbeit. Ganze Schulklassen und Studentenjahrgänge waren Jahr für Jahr im Ernteeinsatz. In der DDR auch die NVA und die russischen Soldaten. Mancher Soldat hat seine Frau auf dem Kartoffelacker kennen gelernt.

Kartoffelkäfersammeln

Während des Zweiten Weltkrieges und danach mussten viele Kinder auch zum Kartoffelkäferlesen. Die meisten Männer waren im Kriegsdienst. Auch die chemische Industrie war zerstört, es fehlten also Spritzmittel. So konnte sich der Kartoffelkäfer ausbreiten.

Die Propaganda ließ jedoch verlauten, dass die Amerikaner die Kartoffelkäfer abwerfen würden, wie zahlreiche Propagandaplakate zeigen.

Sogar Filmmaterial darüber ist erhalten geblieben. So heißt es im Augenzeugen von 1950: »Eine aus-

AMI-KÄFER
SOLLEN UNSERE
ERNTE VERNICHTEN.
SIE BEDROHEN
DAMIT AUCH DEINE
LEBENSGRUNDLAGE!
Die Kartoffelkäfer
vernichten ist Kampf
gegen die Kriegspläne
der Imperialisten.
Dein Kampf gegen die
verderbenbringende
Pest aus den USA ist
KAMPF FÜR DEN FRIEDEN!

ländische Pressedelegation besuchte auf ihrer Rundfahrt durch die Deutsche Demokratische Republik den Ort Schönfels im sächsischen Landkreis Zwickau. Die Journalisten überzeugten sich von den Folgen des Kartoffelkäferabwurfs durch USA-Flugzeuge.«

»Auch Wu Ben Tao, der Vertreter der Agentur Neues China, hörte die Zeugenberichte der Bevölkerung über das infame Attentat auf unsere Volksernährung. Die Bäuerin Krüger beobachtete die anfliegenden Flugzeuge. Kurze Zeit darauf wurden Kartoffelkäfer in großen Mengen gefunden. Die Früchte der guten

Arbeit unserer Bauern sollten zunichte gemacht werden.«

»Mit solchen Mitteln führen die Imperialisten ihren Kampf gegen die Aufwärtsentwicklung unserer Republik. Aber die internationalen Schädlinge werden überall aufgespürt, bekämpft – und vernichtet!!«

Um nicht zu hungern, mussten die Kinder regelmäßig aufs Feld Kartoffelkäfer absammeln. In vielen Dörfern gab es vom Magistrat 1 Pfennig pro Käfer. Andere bekamen Zuckerstückchen oder eine Brause oder Essenmarken – in der Nachkriegszeit begehrte Dinge.

Trotz Schmalhans gute Küche

Im 19. Jahrhundert sowie in den Kriegs und Nachkriegszeiten wurde die Kartoffel oft als Ersatz, genommen für Dinge, die man sich nicht leisten konnte wie Mehl oder Fleisch oder für Lebensmittel, die es nicht gab. So entstanden Rezepte für Kartoffelbrot oder Kartoffelkuchen aber auch für Kartoffelseife, Kartoffelkerzen, Kartoffelpudding oder die folgenden Notgerichte.

Erstauflage 1839. Vermutlicher Autor Bernhard Friedrich Voigt

Kartoffelbüchlein

und

Kartoffel - Kochbuch

für Reich und Arm

oder

die Kartoffel in ihrer mehrhundertfältigen erprobten Anwendung zu den mannichfaltigsten Suppen, Gemüsen, Zuspeisen, Salaten, Mehlspeisen, Backwerken und andern schmackhaften Zubereitungen für die Tafel,

wie auch

nach ihrer vielfachen Nutzbarkeit für den Viehstand und bei technischen Gewerben, namentlich zu Grütze, Sago, Brod, Butter, Käse, Bier, Wein, Kaffee, Seife, Lichtern und andern menschlichen Bedürfnissen.

Nach vieljähriger eigner Erfahrung herausgegeben

von

einem Menschenfreunde.

Dritte sehr vermehrte rechtmäßige Auflage.

Weimar, 1843.

Verlag und Druck von Bernhard Friedrich Voigt.

Kartoffelkäse

»Einige sächsische Pächter in Belgien machen jetzt (1839) einen vortrefflichen Käse aus Kartoffeln. Sie wählen dazu eine weiße Art Kartoffeln, kochen und zerstoßen sie geschält zu Brei. Mit 5 Pfund von diesem kneten sie 1 Pfund saure Milch und eine gewisse Quantität Salz zusammen und lassen diese Masse, sorgsam mit einem Tuche gegen den Zutritt von Luft geschützt, drei vier Tage stehen. Sie wird dann abermals geknetet und nun in durchlöcherte Thonformen gebracht, damit die Flüssigkeit ablaufe. Hierauf werden die Käse im Schatten getrocknet, indem man sie reihenweise in großen Pfannen 14 Tage lang aufstellt. Dieser neue Käse wird, je älter desto besser; nur muß er an einem trocknen Ort aufbewahrt werden.«

Falsche Bratwürste

Teig wie bei den falschen Bratheringen (S. 94) zubereiten, 10 bis 15 cm lange Röllchen formen, in Art von kleinen Würstchen in der Pfanne von allen Seiten braun anbraten, mit Kartoffelbrei, Zwiebelsoße und Salat auf den Tisch bringen.

Falsche Bratheringe

500 g rohe, geriebene Kartoffeln, 500 g gekochte, geriebene Kartoffeln, Salz, Pfefferersatz

Rohe, geriebene Kartoffeln leicht ausdrücken, mit allen anderen Zutaten verkneten und längliche Bratlinge in Form von Heringen daraus formen. In Mehl wälzen, von beiden Seiten braun braten und noch heiß in folgende Marinade legen: 1/8 Liter Essig, 1/8 Liter Wasser, Zwiebelringe, Lorbeerblätter, Gewürzkörner. 1 bis 2 Tage durchziehen lassen, zu Pellkartoffeln oder Bratkartoffeln geben.

Die Kartoffel – wissenschaftlich & literarisch betrachtet

Der sogenannte »Kartoffelpfarrer« Carl Wilhelm Ernst Putsche schrieb 1819 das erste wissenschaftliche Werk zur Kartoffel. Der große englische Kartoffelforscher Redcliffe Salaman schreibt: „In Deutschland hinterließ uns Dr. Carl Putsche, gleichermaßen beeindruckt von der wirtschaftlichen Bedeutung der Kartoffel, mit seiner 1819 veröffentlichten Monographie eine wertvolle Beschreibung der Kartoffel mit reichen Illustrationen der in dieser Zeit gebräuchlichen Kartoffelsorten«.

Die Monographie Putsches zur Kartoffel wurde in viele Sprachen übersetzt, sogar ins Italienische und Russische. Viele heutige Einteilungen der Kartoffel wie die in Früh- und Spätkartoffeln gehen auf Putsche zurück. Der Weimarer Verleger der Goethezeit Friedrich Justin Bertuch schrieb über diesen Klassiker ein Buch: »F. J. Bertuch über Kartoffelpfarrer C.W.E. Putsche«.

Darin heißt es u.a.

»Die hohe Gemeinnützigkeit der Kartoffeln ist bereits in allen Welttheilen so allgemein bekannt, dass es eine höchst überflüssige Mühe wäre, dies erst zeigen und beweisen zu wollen. Aber ebendarum … ist es

Versuch

einer

Monographie der Kartoffeln

oder

ausführliche Beschreibung der Kartoffeln,

nach

ihrer Geschichte, Charakteristik, Cultur und Anwendung in Teutschland.

Bearbeitet

von

Dr. Carl Wilhelm Ernst Putsche,

ediger zu Wenigen-Jena; der K. Preuß. Akademie gemeinnütziger Wissenschaften zu Erfurt correspondirendem, K. Sächs. ökonomischen Gesellschaft zu Leipzig und der Großherzoglichen mineralogischen Gesellschaft zu Jena Ehrenmitgliede,

und herausgegeben

von

Dr. Friedrich Justin Bertuch,

oßherzoglich Sachs. Weimarischem Legations-Rathe, Ritter des weißen Falken-Ordens, Director der K. Preuß. Akademie gemeinnütziger Wissenschaften zu Erfurt und mehrerer anderer gelehrten Gesellschaften Mitgliede.

Mit ausgemalten und schwarzen Kupfern.

Weimar,

im Verlage des Gr. H. S. priv. Landes-Industrie-Comptoirs.

1819.

von hohem und entschiedenen Nutzen, ja für Teutschland ein dringendes Bedürfnis, ihre Natur- und Culturgeschichte genau und praktisch kennen zu lernen … Von einer großen Anzahl von uns gepflanzter und geprüfter Kartoffelarten, haben wir nur 33 vorzügliche der Cultur in Teutschland würdige, und für jeden ökonomischen und technischen Gewerbs=Zweck empfehlenswerthe Sorten von Früh- und Späthkartoffeln ausgewählt.«

Heute würde man von Hochertragssorten sprechen. Vergleicht man Putsches mit den aktuellen Sorten, sieht man, dass die heutigen Sorten

Kartoffelsorte Likaria, fest kochend

meist flachere Augen und gleichförmigere Knollen haben. Sie lassen sich besser schälen und sind damit besser für den Haushalt oder die Gastronomie und die Lebensmittelindustrie geeignet.

Kartoffelliebhaber

Der bekannte deutsche Autor Günter Grass baut seine Kartoffeln nicht nur selber an, er isst sie auch gerne und sie sind ein ständiges Motiv in seinen Werken. Insbesondere im »Butt«, aber auch in der »Blechtrommel« kann man seitenweise über Kartoffeln lesen. Zu seinem 70. Geburtstag sagte er in einem Interview: »Die Kartoffel hat Individualität. Die Knollen sind von ihrer Form und ihren Augen her nie langweilig. Für mich ist die Kartoffel immer etwas Anregendes gewesen, sie gab mir immer ein Motiv für meine Arbeit.«

Doch bereits lange vor Grass wurde die Kartoffel verehrt, bedichtet und natürlich auch gern verspeist.
Der anglo-irische Schriftsteller Jonathan Swift (1667-1745) antwortete auf die Frage, was Adel und Kartoffel gemeinsam haben: »Jene, die nichts anderes zu ihren Gunsten anführen können als ihre Ahnen, gleichen den Kartoffeln, deren wertvollster Teil unter der Erde ruht.«
Von Goethe (1749-1832) wissen wir, dass er seinem Koch die Anweisung gab: »jeden Mittag 12 mittelgroße Kartoffeln«. In seinen Tagebüchern können wir nachlesen, dass er wegen Kartoffeln seinen Sohn August extra zum Kartoffelpfarrer

Ich liebe wirkl

les Auge an dir!"

C.W.E. Putsche nach Wenigenjena schickte und auch persönlich bei Putsche wegen Kartoffeln nachfragte.

Heinrich Heine (1797-1856) pries die Erdknolle folgendermaßen: »Luther erschütterte Deutschland – aber Franz Drake beruhigte es wieder: Er gab uns die Kartoffeln.«

Ein ebenso großer Verehrer der Knolle scheint der Nobelpreisträger für Literatur, der große chilenische Dichter Pablo Neruda (1904-1973), gewesen zu sein – er schrieb sogar eine Ode an die Kartoffel.

Pablo Picasso (1881-1973) sagte einmal über Vincent van Gogh: »Es muß wundervoll sein, ein neues

Thema zu entdecken. Van Gogh zum Beispiel die Kartoffel.«
Der Nobelpreisträger für Physiologie und Medizin von 1959, Severo Ochoa, bezeichnete die Kartoffel »als das wahre Gold der Inka« und die bekannte amerikanische Talkmasterin Oprah Winfrey meinte: »Meine Vorstellung vom Himmel ist eine große Backkartoffel und jemand, mit dem ich sie teilen kann …«

Abschiedsworte an Pellka

Jetzt schlägt deine schlimmste Stunde,
Du Ungleichrunde,
Du Ausgekochte, du Zeitgeschälte,
Du Vielgequälte,
Du Gipfel meines Entzückens.
Jetzt kommt der Moment des Zerdrückens
Mit der Gabel! – Sei stark!
Ich will auch Butter und Salz und Quark
Oder Kümmel, auch Leberwurst in dich stampfen.
Musst nicht so ängstlich dampfen.
Ich möchte dich doch noch einmal erfreun.

Soll ich Schnittlauch über dich streun?
Oder ist dir nach Hering zumut?
Du bist so ein rührend junges Blut.
–
Deshalb schmeckst du besonders gut.
Wenn das auch egoistisch klingt,
So tröste dich damit, du wunder-volle
Pellka, dass du eine Edelknolle
Warst, und dass dich ein Kenner verschlingt.

Joachim Ringelnatz

Schön mit Kartoffeln

Als eines der gesündesten Nahrungsmittel ist die Kartoffel nicht nur wichtig für die gute Ernährung. Bereits unsere Altvorderen haben sie als Schönheitsmittel benutzt. Hier einige moderne Rezepte.

Rohe Kartoffelscheiben für glatte Haut

Eine große Kartoffel waschen und in mehrere dicke Scheiben schneiden. Reiben Sie Ihre Haut alle paar Tage mit einem Stück roher Kartoffel ab.

Lotion für fettige und normale Haut

1 Glas roher Kartoffelsaft,
1 Glas Tomatensaft

Eine gewaschene Kartoffel reiben, den Saft auffangen und den Brei dann nochmals mit einem Gazetuch auspressen. Tomaten auspressen, bis Sie ebenfalls ein Glas Saft erhalten. Die beiden Säfte vermischen und morgens und abends das Gesicht mit einem Wattebausch reinigen, den Sie in die Saftmischung getaucht haben. Die Lotion im Kühlschrank aufbewahren.

Kartoffelsaft gegen Sonnenbrand

Einige große Kartoffeln entsaften. Wer keinen elektrischen Entsafter hat, kann die Kartoffeln einfach grob raspeln, die Masse dann in ein sauberes Tuch geben und ausdrücken. Den Saft einfach auf die von der Sonne verbrannten Hautstellen auftragen.

Kartoffelmaske gegen fettige Haut

Eine mit Schale gekochte Kartoffel schälen, fein zerdrücken und mit 2 EL Milch und 1 TL Zitronensaft mischen. Die Masse aufs Gesicht auftragen, ca. 15 Minuten einwirken lassen. Mit lauwarmem Wasser abspülen.

Straffende Kartoffelstärke-Maske

2 EL Kartoffelstärkepulver in eine kleine Schale geben. Nun langsam warmes Wasser zugießen und eine streichfähige, nicht zu flüssige Paste anrühren.

Das Gesicht leicht mit Fettcreme oder etwas Öl einreiben. Dann die Stärkemaske mit einem breiten weichen Pinsel auf Gesicht und Hals auftragen. Die Augenpartien und die vordere Halspartie dabei aussparen.

Nach etwa 20 Minuten sollte die Stärkemaske erstarrt sein. Die Maske mit einer feuchtwarmen

Kartoffelsorte Marabel

Kompresse aufweichen und dann mit warmem Wasser abwaschen.

Tipp: Gesichtsmasken mit Stärkepulver verengen die Poren, steigern die Durchblutung und wirken straffend. Sie trocknen die Haut aber auch aus. Deshalb sollte man sie nicht zu oft anwenden.

Gesichtsreinigungscreme

2 TL gut zerkleinerte neutrale Seife,
8 EL Mandelöl,
2 TL Butter, 2 TL abgeseihtes,
kaltes Kartoffelwasser

Seife und Öl bei schwacher Hitze im Wasserbad erwärmen, bis sie gut vermischt sind. Beim Rühren nach und nach Butter und Kartoffelwasser zugeben. Vom Herd nehmen und rühren, bis die Creme abgekühlt ist. In ein Glas füllen und beschriften. Die Creme mit leicht kreisenden Bewegungen im Gesicht auftragen, kurz einwirken lassen, dann mit lauwarmem Wasser abspülen.

Kartoffelkompresse gegen Augenfalten

Eine große Kartoffel waschen und reiben. Den Brei dick auf ein Gazetuch streichen. Dann die Auflage etwa 15 Minuten auf die geschlossenen Augen legen. Dann sollte sie sich erwärmt haben. Diese Behandlung kann mehrmals durchgeführt werden.

Tipp: Diese Kompresse aus rohem Kartoffelbrei hilft auch bei geschwollenen Augenlidern.

Gepflegte Hände mit Kartoffel-Glyzerin-Lotion

1 EL frischer Zitronensaft, 3 TL Glyzerin, 1 TL abgeseihtes Kartoffelwasser, 10 Tropfen Benzoetinktur

Den Zitronensaft zum Glyzerin geben, dann das Kartoffelwasser dazugeben. Die Benzoetinktur tropfenweise zufügen und alles gut verrühren. Die Mischung darf nicht klumpig werden! Die Lotion dann in eine Flasche füllen und mehrmals gut durchschütteln.
Die Lotion mehrmals täglich anwenden, sie macht die Hände weich und weiß.

Kartoffelwasser gegen raue Hände

Einige Kartoffeln 15 Minuten in 1/2 Liter Wasser kochen, dann herausnehmen. Das Wasser abseihen und noch warm verwenden: Man badet die Hände etwa 10 Minuten darin. Die Hände nachher nicht abtrocknen.

Übrigens werden die Hände auch mit dem Saft des ausgepressten Kartoffelschabs für Thüringer Klöße weich und geschmeidig.

Rezeptverzeichnis

Bildquellen

Titel und Fotos, S. 23, 29, 37, 57: Sibille Müller

»Die Kartoffel als Blume« (Fotowettbewerb des Thüringer Kloßmuseums), Sabine Wölfel, S. 69

Foto S.49: Thüringer Weingut Bad Sulza

Kartoffelkäferplakat, S. 87 aus dem Archiv Handschuhmacher, Weimar

„Ich liebe wirklich jedes Auge an dir!", Elvira Sommerfeld, S. 102/ 103

Vom Malwettbewerb „Karl die Kartoffel reist um die Welt" des Thüringer Kloßmuseums stammen die Kinderbilder:
Ballon von L. Steinhauer; S 73
Weltauto von W. Freyer, S. 85
Weltwanderer von M. Lippold, S. 109

Foto Kartoffelstärkemaske, S. 114/ 115 by Lieb & Luber/ Modelle: Juliane Schmidt, Julia Müller

Nützliche Adressen

Die Deutschen Kartoffelmuseen
Es gibt in Deutschland drei Museen, die sich ganz und gar der Knolle gewidmet haben.

Das Kartoffelmuseum
Grafinger Straße 2
81671 München
www.kartoffelmuseum.de

Deutsches Kartoffelmuseum
Hauptstraße 62
67136 Fußgönheim
www.deutsches-kartoffelmuseum.de

Thüringer Kloßmuseum
Im Dorf 1
99439 Heichelheim/Weimar
www.klossmuseum.de

Die Thüringer Weingüter
Weingut Bad Sulza
www.thueringer-wein.de

Thüringer Weingut Zahn
www.weingut-zahn.de

Kartoffelzüchter
SaKa-Ragis Pflanzenzucht GbR
Postfach 113 149
20431 Hamburg
www.deutsche-pflanzkartoffel.de

Europlant
Pflanzenzucht GmbH
Wulf-Werum-Str. 1
D-21337 Lüneburg
www.europlant-potato.de

NORIKA GmbH
Parkweg 4
18190 Groß Lüsewitz
www.norika.de

Bezugsquellen für Alte Kartoffelsorten
Dr. Heidi Lorey
Leipziger Str. 2
33803 Steinhagen
www.nutzpflanzenvielfalt.de

Bioland Bauernhof Karsten Ellenberg
Ebstorfer Str. 1 29576 Barum
www.kartoffelvielfalt.de

Aus dem lieferbaren Mini-Angebot

Kochbüchlein

Berlin & Mark Brandenburg kulinarisch
Bierbüchlein • Branntweinbüchlein
Brasilianische Rezepte
Champignon & Co. • Alles vom Ei Gemüser-
aritäten • Gesundes aus dem WOK
Exotische Gewürze • Grillbüchlein
Holunderrezepte • Kaffeebüchlein
Käsebüchlein • Kleines Kartoffelbuch
Kürbis-Büchlein • Lieblingskuchen
Mecklenburg-Vorpommern kulinarisch
Mehlspeisenbüchlein
Neues Fischbüchlein • Neues Nudelbüchlein
Neues Reisbüchlein
Noch mehr knackige Salate
Obstexoten • Ostpreußen-Kochbüchlein
Pfefferkuchenbäckerei
Pommern kulinarisch • Sachsen kulinarisch
Sachsen-Anhalt kulinarisch
Salzbüchlein • Sanddorn-Rezepte
Sauerkrautbüchlein
Schlesisches • Kochbüchlein
Schokoladenbüchlein • Sektbüchlein
Stollenbüchlein • Teevergnügen

Thüringen kulinarisch • Weinbrevier
Whiskybüchlein • Wild-Rezepte
Zuckerbüchlein • Zwiebackbuch

Pflanzenbüchlein

Bäume & Sträucher • Faszination Rosen
Heilkräuterbüchlein • Mythos Ginkgo
Kamelienbüchlein • Küchenkräuter
Naturapotheke • Tulpenbüchlein

Der besondere Band

Hans Christian Andersen
Beloved Sisi • Berlin für die Westentasche
Das kleine Bach-Büchlein
Auf der Sächsischen Burgen- und Schlösserstraße • Wilhelm Busch
Dresden für die Westentasche
Dresden in Pocket Size
Erzgebirgisches Weihnachtsbüchlein
Frauen-Weisheit • Geliebte Sisi
Glanz des Schönen
Fairy Tale King Ludwig • Faust-Zitate
Fußball-ABC • Fürst Pückler
Goethe-Zitate • Die grüne Fee: Absinth
Halle für die Westentasche • Heine-Zitate
Holunderrezepte • Hundebüchlein
Ich hab dich so lieb • Das kleine Kamasutra
Katzenbüchlein

Kinder sind die besten Philosophen
Küchenbüchlein
Leipzig für die Westentasche • Liebes Bett
Magdeburg für die Westentasche
Märchenkönig Ludwig II.
Claude Monet
Wolfgang Amadeus Mozart
München für die Westentasche
Nietzsche-Zitate
Parks & Gärten in Sachsen-Anhalt
Pferdebüchlein • Philosophinnen-Sprüche
Rainer Maria Rilke • Joachim Ringelnatz
Das kleine Sachsenbuch
Sandmännchen-Büchlein
Schiller-Zitate • Schnupfenbüchlein
Shakespeare-Zitate • Sommerglück
August Strindberg • Von Jahr zu Jahr
Weimar für die Westentasche
Auf der Sächsischen Weinstraße
Weisheiten der Welt
Wetter- & Bauernregelbüchlein
Winterglück
Witz und Weisheit der Tataren

BuchVerlag für die Frau
Gerichtsweg 28 • 04103 Leipzig